Commissioned by the Cardiff Polyphon

T0057091

AVE REX

A Carol Sequence

Anonymous Mediaeval words

WILLIAM MATHIAS
(Opus 45)

I AVE REX

Moderato, poco flessibile (♩ = c. 96)

I SOPRANOS
II

I ALTOS
II

ORGAN

f A - ve, A - ve, A - ve

f A - ve, A - ve Rex an - ge -

f A - ve

f Rex an - ge -

Moderato, poco flessibile (♩ = c. 96)

Sw. *f*

Man.

- lo - rum,

- lo - rum,

A - ve, A - ve, A - ve

A - ve, A - ve Rex - que ce -

A - ve

Rex - que ce -

Duration: c. 14 minutes

This work was first performed, with organ accompaniment, at Llandaff Cathedral on 6th December 1969 by the Cardiff Polyphonic Choir with Richard Elfyn Jones (organ) conducted by Roy Bohana.
It is scored for double w.w., 4 hn., 3 tpt., 3 tmb., tuba, timp., perc. (2 players), organ (or piano), and strings.
Full scores, vocal scores, and orchestral parts are on hire.

© Oxford University Press 1970

Printed in Great Britain
OXFORD UNIVERSITY PRESS, MUSIC DEPARTMENT, GREAT CLARENDON STREET, OXFORD OX2 6DP

Photocopying this copyright material is ILLEGAL.

- lo - rum, ce - lo - rum,
- lo - rum, ce - lo - rum,
A - ve, A - ve, A -
A - ve, A -
A -
- ve,
- ve, A - ve prin - ceps - que, prin - ceps - que pol - o - rum.
- ve,
A - ve prin - ceps - que, prin-ceps - que pol - o - rum.

TENORS and BASSES UNIS. f
Hail, most migh-ty in thy work-ing,
A
Gt.
(f)
Tpt.
Ped.
16' only
Hail, thou Lord of all thing,
Tpt.
I of - fer thee Gold
ff
ff
8' + 16'

as to a King.
Tpt.
B
S. I
S. II
A. I
A. II
A - ve, A - ve, A - ve
A - ve, A - ve Rex an - gel -
A - ve
Rex an - gel -
Sw.
Man.
- o - rum,
- o - rum,

⊕ See page 31

A - ve, A - ve, A - ve
A - ve, A - ve Rex - que ce -
A - ve
Rex - que ce -
- lo - rum, ce - lo - rum,
- lo - rum, ce - lo - rum,
A - ve, A - ve, A -
A - ve, A -
A -

- ve,
- ve, A - ve prin - ceps - que, prin - ceps - que pol - o - rum.
- ve,
A - ve prin - ceps - que, prin - ceps - que pol - o - rum.
6
S.
C
f
A - - - - - - - -
A.
f
Hail, most migh - ty in thy work - ing,
T.
f
A - - - - - - - -
B.
f
Hail, most migh - ty in thy work - ing,
6
C
Gt.
(f)
3
Tpt.
16' only Ped.

- - - - - - ve, A - - - - - - - - - - -
Hail, thou Lord of all thing,
- - - - - - ve, A - - - - - - - - - - -
Hail, thou Lord of all thing,
Tpt.
- - - - - ve, I of - fer thee Gold
I of - fer thee Gold
- - - - - ve, I of - fer thee Gold
I of - fer thee Gold
ff
8' + 16'

as to a King.
A - ve, A -
as to a King.
A - ve, A -
as to a King.
A - ve,
as to a King.
Tpt.
(Fine)
- ve, A - - - ve, Rex.
- ve, A - - - ve, Rex.
A - ve, A - ve, Rex.
Rex.
(Fine)

II ALLELUYA, A NEW WORK IS COME ON HAND

- le - lu - ya,
For now is free what erst was bound;
- le - lu - ya,
For now is free what erst was bound;
Man.
We may well sing al - le - lu - ya, al - le - lu - ya, al - le -
We may well sing al - le - lu - ya, al - le -
We may well sing al - le - lu - ya, al - le -
(Man.)
- lu - ya.
p
A
- lu - ya.
By Gab - ri - el be - gun it was:
By Gab - ri - el be - gun it was:
mp
- lu - ya.
A
Sw.
p
(Man.)

Right as the sun shone through the glass Je -
Right as the sun shone through the glass Je -
(Man.)
- su Christ con - ceiv - èd was
- su Christ con - ceiv - èd was
p
Al - le - lu - ya, al - le - lu - ya,
(Man.)
(p)
Of Ma - ry mo - ther, full of grace; Now
Of Ma - ry mo - ther, full of grace;
(mp)
Now

sing we here al - le - lu - ya, al - le - lu - ya, al - le - lu - ya, al - le -
cresc.
sing we here al - le - lu - - - ya, lu - - - ya, al - le -
cresc.
sing we here al - le - lu - - - ya, lu - - - ya, al - le -
Sw. + Gt.
cresc.
(Man.)
- lu - ya.
f
B
f
- lu - ya.
Now is ful - filled the
f
f
- lu - ya.
B
Now is ful - filled the
f
Sw.
f
pro - phe - cy
Of Da - vid and of Je - re - my,
pro - phe - cy
Of Da - vid and of Je - re - my,
Gt.
f
Sw.
f
Gt.
f
Ped. (8' + 16')
Man.
Ped.

And al - so of Y - saye; Al -
And al - so of Y - saye;
And al - so of Y - saye; Al -
And al - so of Y - saye;
Sw.
f
Man.
- le - lu - ya, al - le - lu - ya,
ff
Sing
- le - lu - ya, al - le - lu - ya,
Gt.
f
Ped.

C
we there - fore both loud and high: Al - le -
we there - fore both loud and high: Al - - - - - -
we there - fore both loud and high:
we there - fore both loud and high: Al - - - - - -
C
Sw. f
Gt. f
(Man.)
- lu - ya, al - le - lu - ya, al - le - lu - ya, al - le -
- - - - - - - - le - - - - - - - lu - - - - - -
Al - le - lu - ya, al - le - lu - ya, al - le - lu - ya,
- - - - - - - - - - le - - - - - - - lu - - - - - -
Ped.

- lu - - - ya, al - le - lu - ya, al - le - lu - ya, al - le - lu -
- ya, al - - - le - - - - lu - - -
al - le - lu - ya, al - - - le - - - - lu - - -
- ya, al - - - le - - - - lu - - -
Man.

Allargando
- ya, al - le - lu - ya, al - le - lu - ya.
- - ya, al - le - lu - ya.
- - ya, al - le - lu - ya.
- - ya, al - le - lu - ya.
Allargando
ff
Ped.

III THERE IS NO ROSE OF SUCH VIRTUE

Tempo I
Altos
p
mp
For in this rose con-tain - èd was Heaven and earth in lit-tle space:
A
p
Tempo II
S.
mp
Res mi - ran - da, res mi - ran - - - - - - da, res mi - ran - da, res mi-
T.
mp
Res mi - ran - da, res mi - ran - da, res mi - ran-
B.
mp
Res mi - ran - da, res mi - ran - da, res
Tempo II
mp
rit.
- ran - da, res mi - ran - - - - - - - - - - da.
- - - - - da, res mi - ran - - - - - - - - da.
mi - ran - da.
rit.

Tempo I
Tenors
mp
mf
By that rose we may well see That he is God in per-sons three:
B
mp
mf
Ped. 8' + 16'
Tempo II
S.
p
poco a poco cresc.
mp
Pa-ri for - ma, pa-ri for - - - - - ma, pa-ri for - ma, pa-ri
A.
p
poco a poco cresc.
mp
Pa-ri for - ma, pa-ri for - - - - - ma, pa-ri for - ma
T.
p
poco a poco cresc.
mp
Pa - ri for - ma, pa - ri for - ma,
Tempo II
poco a poco cresc.
p
mp
Man.
mf poco accel.
for - - - - - ma, pa-ri for - - - - - - - - - - -
mf
pa-ri for - - - - - - - - - - - - - - -
mf
pa - ri for - ma, pa - ri for-ma, pa - ri for-ma, pa - ri
poco accel.
mf

C Tempo I
- - ma.
- - ma.
for - ma.
The an - gels sung the shepherds to:
C Tempo I
Ped. 8' + 16'

Tempo II ed animato
'Glo - ri - a in ex - cel - sis De - - - - o, glo -
'Glo - ri - a in ex - cel - sis De - o,
'Glo - ri - a in ex - cel - sis De - o, glo - ri - a
Tempo II ed animato
Man.

D
ff
-ri - a in ex - cel - sis De - - - - o,' Gau - de - a - mus,
Gau - de - a - mus,
glo - ri - a in ex - cel - sis De - o,' Gau - de - a - mus,
in ex - cel - sis, in ex - cel - sis De - o,' Gau - de - a - mus,
D
ff
(Man.)

f
gau - de - a - mus, gau - de - a - mus, gau - de - a - mus, gau - de - a - mus,
gau - de - a - mus, gau - de - a - mus, gau - de - a - mus, gau - de - a - mus,
gau - de - a - mus, gau - de - a - mus, gau - de - a - mus, gau - de - a - mus,
gau - de - a - mus, gau - de - a - mus, gau - de - a - mus, gau - de - a - mus,

poco a poco rit.
mf
mp
gau - de - a - mus, gau - de - a - mus, gau - de - a - mus, gau - de - a - mus,
poco a poco rit.
p

(rit.)
E Tempo I, tranquillo
pp
gau - de - a - mus.
Leave we all this world - ly
(poco)
mirth, And fol - low we this joy - - - - - ful birth:
Ped. 8′ + 16′

pp
(poco)
Trans - e - a - - -
pp
(poco)
Trans - e - a - - - - - - -
pp
(poco)
Trans - e - a - - - - mus, trans - e - a - -
pp
(poco)
Trans - e - a - mus, trans - - - e - -
sempre pp
- - - - - - - - mus, trans - e - a - mus.
ppp
- - - - - - - - mus, trans - e - a - mus.
ppp
- - - - - - - - mus, trans - e - a - mus.
ppp
- a - - - - - - - mus, trans - e - a - mus.
ppp

IV SIR CHRISTÈMAS

This number is published separately (X207) finishing at the end of the first line of page 31.

Now-ell, now-ell, now-ell, now-ell?
Now-ell, now-ell, now-ell, now-ell?
f
I am here, Sir Chris - tè - mas, Sir
Wel-come, my lord Sir Chris - tè - mas!
Wel-come, my lord Sir Chris - tè - mas!
Wel-come, my lord Sir Chris - tè - mas!
Chris - tè - mas, Sir Chris - tè - mas.
Wel-come, my lord Sir Chris - tè - mas!
Sw. { f
Man.

Wel-come to all, both more and less! Come near, come near, come
Wel-come to all, both more and less! Come near, come near, come
Wel-come to all, both more and less! Come near, come near, come
Wel-come to all, both more and less! Come near, come near, come
near, come near, come near, Now-ell, now-ell, now-ell, now-ell,
near, come near, come near, Now - ell, now - ell,
near, come near, come near, Now-ell, now-ell, now-ell, now-ell,
near, come near, come near,
Gt.
Ped.

A
now - ell, now - ell, now - ell, now - ell.
now - ell, now - ell.
now - ell, now - ell, now - ell, now - ell.
f
Dieu vous gar - de, beaux sieurs,
A
ti - dings I you bring: A maid hath borne a child full young, Which
Sw.
Man.

f
Now - ell, now - ell, now - ell, now - ell,
f
Now - - ell, now - - ell,
f
Now - ell, now - ell, now - ell, now - ell,
caus - eth you to sing:
Gt.
Ped.
now - ell, now - ell, now - ell, now - ell.
Christ is now born of a pure maid,
now - ell, now - ell.
now - ell, now - ell, now - ell, now - ell.

born of a pure maid;
In an ox - stall he is laid,
S.
A.
T.
B.
Sw.
Man.
Where - fore sing we at a brayde:
Now - ell, now - ell, now - ell, now - ell,
Now - ell, now - ell, now - ell, now - ell,
Gt.
Ped.
now - ell, now - ell, now - ell, now - ell.
Buv - ez bien, buv - ez bien par
now - ell, now - ell, now - ell, now - ell.
Buv - ez bien, buv - ez bien par
B
B

tou - te la com - pag - nie. (e) Make good cheer and be right mer - ry, And
tou - te la com - pag - nie. (e) Make good cheer and be right mer - ry, And
sing with us now joy - ful - ly, joy - ful - ly, joy - ful - ly:
sing with us now joy - ful - ly, joy - ful - ly, joy - ful - ly:
ff
Now - ell, now - ell, now - ell, now - ell, now - ell, now - ell, now - ell, now - ell, now -
ff Now - ell, now - ell, now - ell, now - ell, now - ell, now - ell, now - ell, now - ell, now -
ff

Processed and printed by
Halstan & Co. Ltd., Amersham, Bucks., England